늘솔

기울어짐에 대하여

애지시선 040

기울어짐에 대하여

2012년 3월 15일 초판 1쇄 발행

지은이 문숙
펴낸이 윤영진
편 집 함순례
디자인 함광일 이경훈
홍 보 한천규
펴낸곳 도서출판 애지
등록 제 2005-5호
주소 300-170 대전광역시 동구 삼성동 125-2 4층
전화 042 637 9942
팩스 042 635 9941
전자우편 ejiweb@hanmail.net

ⓒ 문숙 2012
ISBN 978-89-92219-34-1 03810

* 저자와의 협의에 의해 인지를 생략합니다
* 이 책 내용의 전부 또는 일부를 재사용하려면 저자와 애지 양측의 동의를 받아야 합니다
* 이 책은 2010년 서울문화재단 창작지원금을 수혜받았습니다

웅진시선 040

기울어짐에 대하여

문숙 시집

□ **시인의 말**

나를 버리지 못해 힘든 시간을 보냈다.

그래서 나보다 더 아픈 영혼들의 절실한
곡비가 되어주지 못했다.

이 땅의 시인으로서 미안하다.

2012년 봄
문숙

차례

시인의 말　005

제1부
액자를 떼어내며　013
울돌목　014
허상虛像　015
기울어짐에 대하여　016
달의 뒷면　018
양파링　020
고리의 변천사　022
다림질을 하다가　024
눈 온 날　025
우산　026
청도곶감　028
집착　029
꽃이 꽃을 넘을 때　030
입춘　031

제2부

홍시　035
참나무　036
젖은 부처　038
비운다는 것　039
무화과　040
아카시아　041
핑계　042
알밤을 고르며　043
거미　044
홍연　045
하안거　046
날개가 퇴화된 것들은 졸음으로 견딘다　047
부레옥잠　048
옮겨 심다　049

제3부

백년초　053
착한 밥　054
조용한 상처　056

너를 기다리는 동안　058
얼룩　059
비문증　060
장마철을 나는 법　061
무늬를 새긴다는 것　062
낡은 침대　063
겨울 고모리저수지　064
겨울 바나나　065
잘못 골랐다　066
2인용 자전거　068
산방에서　070

제4부

겨울강　073
가로수　074
인삼벤자민 분재　075
수영장에서　076
소나무　078

창경궁의 봄 080
먼지효모 081
갯장어 082
등꽃 084
겨울 낮달 085
노린재 086
나의 하느님들 087
봄 088

해설 | 장영우 089

제1부

액자를 떼어내며

내려놓으면 그만인 줄 알았다

들어낸 자리에 그림자가 남았다

내 가슴팍에 걸려 있던 시간만큼 선명하다

두고두고 환할 것만 같던 때가 있었다

자꾸 바라보는 동안 나는 검게 얼룩지고

너는 이발소그림이 되어가기 시작했다

적당히 바라보는 법을 알지 못해 못자국이 깊다

네가 없는 빈자리로 자꾸 마음이 무너진다

나를 없애기 전에는 지울 수 없는 흔적이다

울돌목

둘이 합쳐지는 곳엔 거친 물살과 울음이 있다
서해와 남해가 만나 수위를 맞추느라 위층이 시끄럽다
늦은 밤 쿵쿵 발자국 소리와 새댁의 흐느낌이 들려온다
한쪽이 한쪽을 보듬는 일이 아프다고 난리다

마음 섞는 일이 전쟁이다
우루루 우루루
가슴 밑바닥으로 바위 구르는 소리를 토해낸다
돌덩이들아 암초로 박혀드는 시간이다

 수면을 편편하게 하는 일 부드러운 물길만은 아니어서
 부딪혀 조각난 것들 가라앉히는 시간만큼 탁하고 시끄
럽다
 저 지루한 싸움은
 서로에게 깊이 빠져 익사하는 그날까지 계속될 것이다

허상虛像

까치 한 마리가 눈밭에서 눈을 쪼고 있다

작은 발자국을 남기며 무엇을 찾고 있다

하얀 쌀알 같은 모습에 이끌려 다닌다

허기 앞에 고개를 숙이느라 날갯짓을 잊고 있다

눈을 쪼던 부리에는 물기만 묻어난다

헛된 입질에도 마음을 멈추지 않는다

내가 하는 짓이 저렇다

기울어짐에 대하여

친구에게 세상 살맛이 없다고 하자
사는 일이 채우고 비우기 아니냐며
조금만 기울어져 보란다
생각해보니 옳은 말이다

노처녀였던 그 친구도 폭탄주를 마시고
한 남자 어깨 위로 기울어져 짝을 만들었고
내가 두 아이 엄마가 된 것도
뻣뻣하던 내 몸이 남편에게 슬쩍 기울어져 생긴 일이다
체 게바라도 김지하도
삐딱하게 세상을 보다 혁명을 하였고
어릴 때부터 엉뚱했던 빌게이츠는
컴퓨터 신화를 이뤘다
꽃을 삐딱하게 바라본 보들레르는
악의 꽃으로 세계적인 시인이고
노인들도 중심을 구부려
지갑을 열듯 자신을 비워간다

시도 돈도 연애도 안 되는 날에는
소주 한 병 마시고 그 도수만큼
슬쩍 기울어져 볼 일이다

달의 뒷면

지구엔 수천만 년 동안
두 개의 달이 가까이 떠 있었다
달 하나가 궤도를 벗어나 하나가 된 것이다

달의 뒷면이 혹처럼 불룩한 것도
서로 포개지면서 생긴 모습이라는데

몸속에 전설 같은 그림자를 품고
혼자 차오르고 혼자 기울어진 시간이 40억년

당신과 나도 수많은 생을 떠돌며
가까이에서 그리워한 시간이 수천만 년쯤 될라나

둘이라는 그리움을 벗어나
하나라는 외로움 속으로 빠져든 두 개의 달

날마다 내가

자장을 벗어나 당신에게 달려가는 이유도
저 달의 기운 때문임을 알겠다

양파링

당신을 위해 속 빈 동그라미로 거듭 났습니다
매운맛을 없앴습니다 이제 눈 붉힐 일은 없습니다
잘 부서지기 위해 물기도 완벽하게 탈수했습니다
피돌기를 끈적하게 하던 제 고집은 이제 완전히 제로입니다
동맥경화나 심장마비 걸릴 일은 없으니 안심하고 드시지요
인공조미료로 맛을 내고 향신료를 곁들여 추억만 씹히도록 했습니다
방부제를 듬뿍 넣어 상할 일도 없으니 아무 때나 드시지요
당신 인생에 5프로도 안 되는 나를 빻아 세상과 잘 버무렸으니
나를 찾겠다고 입안 까칠하게 굴 일도 없습니다
당신 입맛에 맞추어 나를 없애고 속 빈 동그라미로 남았습니다
당신 기획으로 다시 태어났습니다

높은 열로 구워서 한 생이 바삭바삭 고소할 것입니다
양심 없이 맛있게 드시기 바랍니다
헛배만 부르다고 부디 저를 탓하지는 마십시오
당신 입맛 때문에 내 인생은 완전히 꽝입니다

고리의 변천사

남자가 사냥을 떠나면 맹수에게 목덜미를 물릴까봐
쇠고리에 목을 가두게 되었다는 카렌족 여인들
여자도 전사가 되어 사냥터로 내몰리는 지금은
목이 길수록 미인이라는 덫에 걸려
목뼈가 탈골될 때까지 쇠고리를 빽빽이 끼운다
고리를 빼면 목이 꺾여 죽고 마는 카렌족 여인들
제 숨통 조이는 고리가 제 목숨 떠받치는 지지대라서
일생 돌아눕지도 못한 채 산다
누군가에게 목을 매고 살아야 잠들 수 있는
아직도 원시적 트라우마를 목에 걸고 사는 여인들

험한 세상 방패가 되어 주겠다는 남자에게
누런 고리반지 하나 얻어 끼고 살림 차린 나도
원시부족 여인의 질긴 유전자가 흐르는지 모른다
머리에서 발끝까지 고리를 걸고 사는 여인들
목걸이 반지 귀걸이 발찌…
중세시대 영원한 노예라는 표지를 걸고

반짝반짝 아름다움에 새롭게 길들여진 수인들
제 숨통 옭아매는 수갑 치렁치렁 걸고
문명의 여자들 목에 힘주며 세상 속을 활보한다

다림질을 하다가

티브이 앞에 앉아 다림질을 한다
뉴스에선 성폭행범 체포사건이 보도되고
그의 성장과정이 불우했다는 말이 이어진다

처음엔 그도 어머니 자궁 속을 빠져나오며
두려움에 울음을 터뜨린 순수한 영혼이었으리라
젖었을 때 모양을 바로잡지 못해 구겨져버린 한 생애
신상공개니 무기징역이니 시끄럽다

잘못 널어 말린 것들의 비뚤어진 길
양 모서리를 팽팽히 잡고 뜨겁게 밀고 당긴다
구김이 오래된 것들은 불길만으로 반반하기 어렵다

쉽게 펴지지 않는 주름 위에 물을 뿌리고 다림질을 한다
제 본성을 찾는 일
다시 양수 같은 물기에 젖어야 가능한 일이다

눈 온 날

산동네 판자지붕이 사라졌다
너덜너덜 새어나가던 가난이 보이지 않는다
숨차게 오르내리던 각진 계단도 지웠다
평평한 세상이 된 것 같다
속도를 내던 바퀴들의 욕망도 덮었다
천지가 고요하다
이 동네 저 동네가 한 지붕이다
이쪽 저쪽 경계가 없다
동네 강아지들이 눈밭에서 정겹게 어울려 논다
온 세상이 한통속이다

우산

남편과 외식을 하다말고
아이 문제로 다투다 옆자리를 돌아본다
부부인 듯 남자가 여자 접시에 반찬을 놓아주며 다정하다
옆자리 남자에게 자꾸 눈길이 쏠린다
씁쓸한 밥을 넘기고 식당문을 나서는데 출입문 입구에

― 본인 우산 꼭 확인하고 가져가세요, 자주 바뀌거든요

한동안 내 우산을 찾다말고 한 생각이 스친다
굳이 내 것을 고집할 필요 있나
실컷 쓰고 다녀서 빛바랜 우산인데
까짓것 누군가 바꿔갔으면 고마운 일이지
기회가 왔을 때 한 번쯤 바꿔 보는 거야

무늬가 화사한 우산 하나를 뽑아든다
두근거리는 마음으로 식당문을 나선다

접힌 우산을 펼치자 살이 휘고 구멍이 뚫려 있다
자꾸 빗물이 샌다
옷이 흠뻑 젖고 있다
앞서 가던 남편이 크게 소리를 지른다

— 빨리 와서 내 우산 써, 바보야

청도곶감

스님과 함께 곶감을 먹는다
청도감이 말라서 조글조글하다
얼굴색은 환한 주홍빛이다
씨 없는 몸이라고 봄날에 꽃피지 않았으랴
속을 가르니 황설탕처럼 반짝거린다
감추며 삭혀온 저 마음 빛깔
바람경전을 읽으며
일생 몸 닫고 마음 열고 산 세월이
고스란히 익어 달디 단 감로법이 되고 있다
애시당초 씨마저 버린 감의 무게가 한없이 가볍다
걸림 없이 한입 곶감으로 마무리 되는 삶이다

예불 올리는 스님 뒷모습이 춤사위처럼 가뿐하다

집착

그물망 속에 든 양파

서로 맞닿은 부분이 짓물러 있다

간격을 무시한 탓이다

속이 무른 것일수록 홀로 견뎌야 하는 것을

상처란 때로 외로움을 참지 못해 생긴다

붙어 있는 것만으로도 상해서 냄새를 피운다

누군가를 늘 가슴에 붙이고 사는 일

자신을 부패시키는 일이다

꽃이 꽃을 넘을 때

담을 넘은 줄장미 한 송이가 길 위에서 대롱거린다
탈주범처럼 목숨을 걸고 담을 넘은 저 광기
한 곳에 발을 파묻은 순간
버려야 했던 꿈들이 어둠을 입고 유목의 꿈을 키웠으리라

경계를 넘는 일, 바람만이 길이어서
뾰족한 마음을 감추고 바람의 손목을 감아 오른다
길을 가는 동안
얽히고설키며 스스로 만들어가는 죄의 거미줄들
천한 문법으로 불온한 자서전을 쓰고 있다

제 뿌리로부터의 탈출은 혁명이 될 수 없어
사람들의 헛손질에 붉은 모가지가 꺾여 시들고 있다
꽃이라는 이유로
쉽게 화냥기로 요약되고 말 문장들
겹겹이 쌓인 울음의 낱장들이 길바닥에 조용히 흩어진다

입춘

웅달에 눈더미가 무덤처럼 쌓여 있다
누가 길에서 들어내어 밀쳐버렸나
솜사탕처럼 부드럽던 느낌이 사라졌다
딱딱해진 눈더미엔 발자국만 깊게 새겨져 있다
환하게 세상을 밝히던 순백한 빛깔에도 때를 입었다
이미 굳어버린 가슴엔 어떤 발자국도 찍을 수가 없다

어쩌다 한 사람의 길을 덮어 장애가 되었나
서로의 눈빛에 빠져들며 설레던 순간은 지났다
쉽게 얼룩져버린 믿음 앞에
부드러움을 굳혀 얼음산을 이루고 있는 저것
차갑게 덩어리진 상처에도 가늘게 봄햇살이 찾아들고 있다
마음을 풀어 강물처럼 반짝이며 흘러갈 시간이다
머지않아 촉촉한 시간을 만나 다시 사랑을 싹틔울 것이다

제2부

홍시

너를 사랑하는 일이
떫은맛을 버려야 하는 일이네
물렁해져 중심마저 버려야 하는 일이네
긴 시간 네 그림자에 갇혀
어둠을 견뎌야만 하는 일이네
모든 감각을 닫고 먹먹해져야 하는 일이네
겉은 두고 속만 허물어야 하는 일이네
붉은 울음을 안으로 쟁이는 일이네
사랑이란
일생 심지도 없이 살아야 하는 일이네
결국 네 허기진 속을 나로 채우는 일이네

참나무

참나무 한 그루가

발 아래 제 살점을 수북이 내려놓고 있다

우듬지에 푸른 잎 몇 개만 살아서 팔랑거린다

커다란 몸통에 작은 구멍들이 뚫려있다

어쩌다 몹쓸 인연이 스쳐가며 중심을 뚫었나보다

작은 구멍들 속으로 수많은 벌레들이 들락거리며 길을 낸다

제 한 몸 내어놓고 개미부처 진딧물부처 노린재부처…

다 불러 모아 한판 잔치를 벌이고 있다

저 참나무, 다음 생이 환하겠다

젖은 부처

봉정사에 가면
수몰지구에서 건져 올렸다는 여래석좌상이 있는데요
물속에서 오래도록 미끄러운 시간을 살다와
눈 먹먹 코 먹먹 입 먹먹
부처 반 중생 반 어벙한 모습을 하고 있는데요
돌덩이 하나 무명을 버려 부처가 되고
부처를 버려 중생이 되는 시간을 살았는데요
부처도 중생도 다 버리겠다고 승속을 넘나들었는데요
지금은 봉정사 뒷마당에 좌대도 없이 몸 낮추고 앉아
비 오면 비 맞고 눈 오면 눈 맞으며
주야장천 잘 죽여라 하고 있습니다

비운다는 것

사랑도 거덜 나고 신념도 흔들리고
한세상 화끈하게 말아먹고 싶은 날
우주만물의 무상성을 인정하라는 한 선배 충고에 풀이 죽어
부엌 구석에 식은밥처럼 쭈그리고 앉는다
게장단지 뚜껑을 열자 꽃게가 얌전하게 엎드려 있다
삐딱하게 옆으로 기며
거칠게 개펄을 움켜잡던 집게발도 가지런히 오므렸다
겉껍질이 딱딱할수록 속이 여린 갑각류 동물
단단한 껍질 속에 곰삭은 살점이 흐물흐물하다
간도 쓸개도 없이 살아온 내력이 내 입 안에 텁텁하게 고인다
몸 밖으로 중심을 흘려보내고 이제 발라먹을 게 없다
자신을 참 잘 죽여 놓았다

무화과

비구니 스님과 함께 산길을 오른다
나뭇가지 사이로 하늘이 언뜻언뜻 보이는 숲길
벌 한 마리가 스님 주위를 빙빙 돌며 따라붙는다
꽃을 지운 저 몸에도 달짝지근한 곳 있었던가
하얀 목덜미를 훔쳐보며 닝닝닝 틈을 노린다
뒤따르던 내가 꽉, 때려잡고 싶은 마음 참는다
벌에게 내가 붙들려 자꾸 발을 헛놓는다
뻐꾸기 울음소리가 물방울 터지듯 축축하게 스미는 봄
날
민둥산 같은 스님 머리에 간간이 나뭇잎 그림자가 진다
못 본 척 못 들은 척
스님은 숨소리도 없이 가던 길만 간다
제 몸속에 꽃을 버린 나무 한 그루 저 홀로 무심하다

아카시아

사방 제멋대로 뿌리 뻗던 그 여자가요
문득 제 앞에 다가선 벼랑을 보았는지
산속 깊은 남학사 향해 기어들었는데요
부처님 전에 잔뜩 머리 숙인 그녀가요
한 곳으로만 중심을 모으겠다고
곧바로 공양주보살로 몸 바꾸었는데요
석 달도 되지 않은 어느 날
꽉 누르고 있던 끼가 발동했는지요
제 뿌리 모조리 잘라내고 입산한
젊은 스님 발밑까지 실뿌리 들이밀었는데요
놀란 스님 고함소리에 그만
슬그머니 산을 내려오고 말았다네요
더는 오갈 데 없는 그녀
마을 어귀쯤 서성이는지요
오늘밤 싸구려 향수냄새 흥건하네요

핑계

차인표가 에디오피아 아이들을 돕는 걸
눈물 찔끔거리며 보고 있는데
고등학생 아들놈이 싱글거리며 묻는다

— 엄마, 저승이 있다고 믿으세요?
— 글쎄, 안 가봐서 모르지만 있겠지
— 엄마는 극락이나 지옥이 있다고 믿겠네요?
— 그럼 믿지
— 엄마는 극락 갈 수 있는 보험은 드셨어요?
— 너한테 보험 드느라 극락 갈 보험은 아직 못들었다
— 그럼 전생에 좋은 일해서 적립해놓은 마일리지는 없으세요?
— 몸 약한 너 때문에 민물장어, 개구리, 가물치…
— 살생을 조장한 대가로 다 썼다 이놈아

알밤을 고르며

벌레 먹은 밤을 골라낸다
반질한 껍데기에 난 구멍들
단단한 저 몸에 왜 구멍이 생겼는지
자신을 단단하게 여미는 일
제 숨통 조이는 일이라서
어쩌다 한 호흡 들이쉰 숨구멍이
바람구멍이 되었는지
살아 있는 것들은 모두
벌레의 알을 품고 있어
제 속 다 빼앗기고
이젠 먹거리도 될 수 없고
다음 생에 씨앗도 될 수 없는
벌레의 옷 한 벌이 되어버린 슬픈 몸

거미

허공 한 자락으로 거미줄을 쳤다

백척간두 위의 수좌

바람이 불어도 움직임이 없다

얼마나 많은 시간을 걸어왔을까

구함이 절실하면 죽음도 살아내는가

세상은 꽃으로 야단법석인데 한 생각에 묶여

날이 저물고 있다

우주의 중심점 하나가 다 지워질 것 같다

홍연

연꽃이 진흙 속에서 그냥 피어난 줄 아니
뿌리 속에 연탄구멍처럼 뚫려있는 터널을 봐
부패와 싸우며
불길을 제 속으로 말아 넣고 산 흔적이지
들숨만으로 견뎌온 것들은
제 안에 터널 몇 개쯤은 갖고 살지

작은 빗줄기에도 뿌리 뽑힐 두려움에
제 이파리를 벌려 빗물을 받아내는 저 동물성을 봐
물렁물렁한 생을 딛고
흔들리지 않으려 바닥을 움켜잡고 버틴 울음이지
직립이 아닌 수평으로 발을 뻗쳐가며
게걸음으로 바닥을 기어 다닌 비굴함이지
비온 뒤 더욱 붉어지는 저 핏빛 울음 좀 봐봐

하안거

저녁 예불 시간이 지나고
봉암사 어둔 경내에 계곡 물소리만 흘러든다
빛을 죽인 커다란 선방에
스님들이 벽을 향해 빙 둘러 앉는다
가부좌를 틀고 길 떠날 준비를 한다
흐린 빛을 향해 날아드는 나방들
문밖 창살에 붙어 맹렬히 날갯짓한다
빛이 때로는 함정이다
자신 밖에서 길을 찾고 있다
창호지 한 장을 사이에 두고
서로 다른 길을 가고 있는 자들
자신을 찾는 이들에겐 벽이 길이다

날개가 퇴화된 것들은 졸음으로 견딘다

아이가 학교에서 들고 온 실험용 병아리
종이박스에 담겨 베란다에서 자란다
하얀 날개가 돋고 잦은 날갯짓을 한다
바깥을 넘보며 한 치 벽 앞에서 자꾸 무너진다
왜 날개는 돋아서 망상을 키우는지
두 날개를 자르기 전에는 멈추지 않을 저 퍼덕임
며칠을 두고 종이벽과 사투를 벌이던 병아리
갑자기 움직임이 줄고 날개를 늘어뜨린다
노숙자처럼 종이박스에 기대어 밤낮으로 존다
날개가 퇴화된 것들은 졸음만이 낙이다
벽을 넘는 비상은 꿈속에서나 하고 있다
허공을 향해 여린 두 발이 자주 치켜 들린다
세상의 중력에서 발을 떼어내고 있다
졸던 별 하나가 드디어 운행을 시작했다

부레옥잠

육지에 오르면 멀미를 한다는
톤레삽호수에 떠 있는 베트남 수상족들
그들에겐 가까이 있는 육지가 저승만큼이나 멀다
오줌을 눈 곳에서 도마를 씻고 칼을 헹구고 요리를 한다
지느러미도 없는 사람들의 하루가 물에서 피었다 진다
평생 물을 움켜쥐고 버텨도 땅에 닿을 수 없는 실뿌리들
파도가 이는 호수에서 끝없이 출렁인다
주검마저도 수장을 당하는 사람들
그들의 허름한 둥지 안엔 색색의 화분이 놓여있다
욕심을 채우고는 가볍게 떠 있을 수 없는 일
평생을 물 위에 사는 저들의 등허리에도 언젠가
푸른 지느러미가 날개처럼 돋아날 것이다

옮겨 심다

사람들을 피해 주말농장으로 마음을 옮겨 심었다
고추 모종을 한 후 아침저녁으로 드나든다
정성만큼 커주는 모습에 연애하듯 잠을 설친다
서툰 솜씨로 들쑥날쑥 심은 고추들
조밀한 것들은 부대끼느라 줄기가 가늘고
듬성한 것들은 저 홀로 튼실하게 자란다
자유가 몸을 키우고 있는 것이다

여름장마가 오고 태풍이 지나는 아침
지지대를 들고 달려간 고추밭이 난장판이다
멀찍이 떨어진 것들은 대가 부러져 있고
촘촘한 것들은 말짱하다
서로에게 기대어 견딘 것이다
부러져버린 고추를 한숨과 함께 주워든다
무리를 등지고 외따로이 옮겨 심은 내 마음이
태풍 때문에 또 다시 중심이 꺾이고 만다

제3부

백년초

너는 내가 가고 싶은 길이었네
길가엔 릴리 꽃이 피어있고
로즈마리 향기가 영혼에 스미는
나 그곳에서 초식동물이 되어
너라는 풀밭에서 한 생을 다하고 싶었네
너에게 깃드는 순간
푸른 초원은 신기루였고 사막에 뿌리내려야했네
낮엔 폭염이었고 밤엔 한파였네
더웠다 추웠다
없는 계절을 앓으며 온몸에 가시가 돋았네
백년사랑은 장자의 꿈속에서나 찾아야했네
수시로 불어 닥치는 모래바람에
마음 꺼뜨린 적 많았네
결국 서걱대는 모래밭에서 너라는 꿈을 파먹으며
백년을 다해
결혼이라는 꽃 한 송이 피우는 일이었네

착한 밥

저는 이제 단순하게 요리됩니다
당신의 밥이 되는 시간도 지극히 짧아졌습니다
길게 뜸들일 필요도 없습니다
윤리의식으로 포장돼 아직은 순수합니다
모성애가 강해서 찰기가 넘치고
신토불이 정서를 지녀 희고 담백합니다

먹기 직전
속살이 보일 듯 말듯 살짝만 벗기시고
따뜻한 가슴으로 이삼 분만 데워주세요
뻣뻣한 몸이 말랑해지기까지는 딱 2분이면 됩니다
들끓던 생각들은 모조리 살균처리 했으니
거부의 몸짓 같은 건 염려마십시오

온전히 틈을 없애 숨구멍 하나 없습니다
썩을 자유는 더더욱 없습니다
당신이 정한 유통기한에 철저히 감금된 몸입니다

보관하실 때는
상온 저온 따지지 말고 아무데나 보관해 주세요

살아도 죽은 목숨으로 잘 버티겠습니다

조용한 상처

우듬지가 뭉텅 잘려나간 적송이
몸을 비틀며 자라고 있다
저런 아픔을 어찌 속으로만 삼킬 수 있겠나
통증이 올 때마다 혼자 몸을 비틀며
상처에 햇빛도 발라보고
제 진액을 짜 덧발라도 보았겠지
눈물도 멀리서 보면 반짝임이듯
밤이면 빛으로 울고 있는 별들과 함께
속울음을 우느라 껍질이 터져 있다

깊은 울음을 만져보는 손길 위로
새떼가 지나가고 빗방울이 지기 시작한다
적송이 치받고 있는 저 허공도
새들의 무수한 날갯짓에 살이 찢겨
피가 비로 내린다
보이지 않고 소리 없는 것들이라고
어찌 울음이 없겠나

허공이 흘리는 피를 다만 비로 읽어낼 뿐

너를 기다리는 동안

무수동 정류소 앞

매미 한 마리 버즘나무 몸통에 소리 없이 붙어있다

긴 시간 비를 맞으며

허물을 벗고 있는 나무의 심장에 발을 뗐다 붙였다

저린 순간을 견디고 있다

푸른 신호등이 수없이 켜졌다 꺼지고

한 생이 스친 듯한 시간

비에 젖은 버즘나무의 껍질이 툭 떨어져 나간다

젖은 날개를 털어야 할 때다

얼룩

봄날 플라타너스 한 그루가 묵은 잎을 매달고 있다
갈색 흉터 같다
보내고 떠나지 못하는 저 마음은 무엇인가

제 안에 이는 바람으로 잎을 뒤집으며 찢긴 수많은 상처들
함께 고통을 앓으며
상처의 진액으로 더 깊이 달라붙었으리라

비바람이 돌돌 말아 쥔 시간을 흔들며 지나간다
놓아라, 그만 놓아라
간당거리는 밤이 쌓일수록 네 영혼 더 깊이 얼룩지니

밤이 몰려오는 한길에서 오소소 떨고 있는 시간
서로 얽어맨 자리에 빗방울이 맺히고
통증 같은 봄비에 흠뻑 젖고 있다

비문증*

너를 보내고 조금 운 것뿐인데
내 동공에 네가
까만 점 하나로 박혀들었다
내딛는 길마다 캄캄하다
아직 너를 건너지 못한 강이
내 안 어디쯤에서 소용돌이친다
봄이 오면 날벌레처럼 날아가 버릴
작은 흔적이라고 했다
그건 내 몸에 새긴
네 지문을 다 읽지 못한 소리다
아른거리는 너를 지우고 세상을 본들
강이 산이 될까
이대로 네 그림자에 붙들려
한평생 살아야겠다

* 비문증: 눈앞에 모기가 나는 것처럼 보이는 반점 또는 증상

장마철을 나는 법

"애야, 잘 여문 곡식도 장마철엔 벌레 슨다
바깥 공기 들지 않도록 잘 묶어라
차고 서늘한 곳에 두는 것도 잊지 말고
자칫 구멍 나면 다 버려야 한다"

어머니는 오늘도 전화로
나를 보관하는 법 조용히 일러주신다
귀 닫고 입 닫고 제 숨통 틀어막고 버티는 일이
온전하게 잘 사는 것이라고
숨이 막히고 가슴이 끓어도 어머니가 계시는 한 나는
내 삶의 봉지를 구멍 낼 수 없다

무늬를 새긴다는 것

보길도 세연정 가는 길가의 열녀각
옛 흔적이 눈길을 붙든다
앞서간 한 여인을 읽으며 계단 오른다
비각 옆 돌 틈새로 뱀 한 마리 지나간다
허연 허물을 벗어놓고
선명한 몸의 무늬 껍질에 새겨져 있다
좁은 돌 틈에 제 한 몸 밀어 넣고 짓눌린 길
피멍 짙게 들었을 내력을 읽는다
한 남자의 그림자로 살다간 껍질이
긴 시간 위에 탁본 되어 있다
좁고 구부러진 길을 통해
자신을 버리며 제 무늬를 완성해간 여인
한 번도 나를 버려본 적 없는 나
열녀각 앞에서 시선 둘 곳이 없다

낡은 침대

침대 한쪽이 한숨처럼 푹 꺼졌다
그가 한쪽 엉덩이만 걸치고 거울을 보던 곳이다
언제부턴가 마음 한쪽만 내려놓고 외출이 잦았다
가출한 마음을 좇다 한 가슴이 기어이 무너졌다
반쪽을 올려놓고 견딘 불편한 세월이 투둑 소리를 낸다
서로를 포개고 안개꽃처럼 피워내던 향기는 흔적 없고
한사람의 무게에 눌렸다가 원위치 하던 스프링의 날은
갔다
균형을 잃은 시간이 죽음처럼 흘러간다
아닌 척 모른 척 기댄 세월이 눅눅하다
젊은 날 탱탱했던 설렘은 바람 빠진 풍선이다
다시 알콩달콩 살아내는 일
쪼그라든 가슴을 억지로 부풀리고
때로는 헛웃음으로 기우뚱한 세월을 견뎌야 한다

겨울 고모리저수지

얼마나 깊이 얼었길래
여름날 놀던 청둥오리가 보이지 않는다
저수지 기슭엔 가짜 오리 배만 몰려 있다
수면에 그림처럼 떠 있던 평화는 또 다른 아픔이었는지
물렁한 속을 얼마나 휘저었길래
틈 하나 없이 굳게 마음을 닫았다

인연이란 계절이 다하면 보내지 않아도 떠나는 것을
둥근 틀 속에 갇혀 저도 저가 아닌 것을 몰라
오고가는 일에 마음이 긁혀 엎드렸다
알고 보면 상처도 제 스스로 만드는 것이어서
고모리저수지 더욱 깊어지기 위해 한 철
동안거 묵언수행 중이다

겨울 바나나

내가 너에게로 건너갈 때는
설렘 가득한 초승달이었다
노란 바닐라향의 달콤함이었다
나날이 채워지기만 하는 달인 줄 알았다
환했던 시간을 지나 잘려나간 손톱처럼 나는
네 마음 밖으로 조금씩 이지러지는 그믐달이었다
겨울 난전에서 검게 변해버린 사랑이었다
나 한가득 어둠으로 배를 채우고
얼며 녹으며 잘 허물어지고 있다
나를 벗고 너를 입기 위해
경쾌하게 부패의 시간을 살고 있다

잘못 골랐다

"아저씨, 수박 달고 잘 익은 걸로 한통 주세요"
이것저것 골라 들고 통통 두들겨보는 수박장사
"달고 잘 익은 수박은 무늬가 선명하고 소리가 맑아유"

어떻게 무늬를 보고 속을 아나
어떻게 소리만 듣고 단맛을 아나

이목구비 뚜렷하고 깔끔한 외모로
"네가 처음이야 네가 전부야 평생 너만을 위해 살게…"
그 말에 속아
한 남자와 냄새피우며 여태껏 살고 있다

남의 눈과 귀가 미덥지 않아
내 눈으로 무늬를 고르고 내 손으로 두들겨본 후
이거다 싶은 수박 한 덩이 고른다

랄랄라, 집에 와서 속을 쩍 갈라보니

어머나,
씨앗 주위로 구멍 송송 나 있고 농한 냄새가 난다

에고, 또 잘못 골랐다

2인용 자전거

결혼이란 안장과 체인이 두 개 달린 자전거를 타는 일이지
앞사람이 페달을 밟아 뒷바퀴를 끌면
뒷사람은 발을 맞추면 된다네
마음이 합쳐지지 않으면 바퀴는 구르지 않지

울퉁불퉁한 길을 달리다 보면
두 바퀴를 물고 있던 체인이 벗어나기도 한다네
그럴 땐 자전거를 세우고 다시 체인을 걸어야 하지
앞바퀴와 뒷바퀴를 묶으며 기름때를 묻히기도 한다네

한 번 벗어난 체인은 쉽게 고정되지 않지
시간을 흘리며 생을 낭비하기도 한다네
짐이 돼버린 자전거를 끌며 서로를 원망하기도 하지
지쳐 있는 두 사람은 목적지가 멀기만 하다네

각자 길을 되돌아보며

바퀴에 감긴 시간을 계산해 보기도 한다네
그러다가 문득 뒷바퀴를 돌려서 앞바퀴를 굴릴 생각을 하지
때로는 뒷바퀴가 앞바퀴를 밀고 가기도 한다네

산방에서

외진 산방에 몸을 부려놓던 날
뒤따라 들어온 파리 한 마리 성가시다
아직도 내 안에 지워내지 못한 냄새 있었던가
오래도록 곰삭지 못한 비린내들
이리 쫓으면 저리 가고 저리 쫓으면 이리 온다
적막을 뒤흔드는 날갯짓 소리에 잠이 멀다
밤늦도록 파리를 두들기며 헛손질만 하고 있다
지쳐 자리에 누워 기억을 끈다
잠시 캄캄했었던가
꿈속까지 쫓아와 눈꺼풀을 들추며 앵앵거린다
끈적한 마음을 어둠 속에서도 들키고 만다
손등에도 앉았다가 이마에도 앉았다가 입술에도 앉았다가
또다시 달라붙어 알을 슬고 있다
끝내 나를 때려잡지 못한 봄밤이 쓸쓸히 지고 있다

제4부

겨울강

갑각류 동물이 되어 바닥에 엎드렸다

물렁한 제 살을 얼려 껍질을 입었다

순한 몸짓으로 견뎌온 것

뒤늦게 뼈를 밖으로 세웠다

철새들 부리에 수없이 가슴을 쪼이고

한철 제 안에 파고들어 견디는 중이다

철없이 저 몸 열려고 하는 자

함부로 건드리지 마라

강은 지금 한 마리 성난 짐승이다

가로수

전선을 묻기 위해 구덩이를 파고 있다
포크레인에 가로수의 뿌리가 잘려나간다
긴 시간 통증을 앓으며 시든 나날을 보낼 저 가로수

어쭙잖은 여동생을 위해 상급학교 진학을 포기했던 오빠
그날은 눈물범벅이 된 채 밤새 몸을 뒤척이며 신음소리를 냈다
착한 오빠는 내게 그런 모습을 더는 보이지 않았다
밤이면 욱신거리는 제 뿌리를 들여다보며 다독였을 날들을
그때 나는 내 길만을 가느라 알지 못했다

가로수 옆에 전선을 묻고는 감쪽같이 흙을 덮고 있다
이제 보이지 않는 저 가로수의 깊고 어두운 상처를
뒤돌아서는 순간 나는 또 잊어버리게 될 것이다

인삼벤자민 분재

입 큰 남자를 만나
지옥을 열두 번도 더 구경하고 살았다는 그녀
뿌리가 뽑힌 채 시골로 도시로 끌려 다니다
변두리 골목에 작은 분식집을 차린 날
개업집에 들어온 인삼벤자민 분재
칭칭 감겨 있는 철삿줄을 푼다
누가 한 생을 이토록 움켜잡고 비틀어 놓았나
어쩌다 팔자 사나워 제 꿈 모조리 포박당한 채
어디로 끌려 다녔는지
철사를 따라 휘어져 있는 몸의 길
누구의 길을 대신 가고 있었는지
치켜들었던 가지들 모조리 잘린 흔적이 난무하다
바닥 가까이 키를 낮춘 모습
왜 그렇게 속없이 살았냐고
흉터 많은 손을 어루만지다 돌아서는데
푸른 이파리를 바닥에 와르르 눈물처럼 쏟는다

수영장에서

— 젊은이, 왜 난 자꾸 몸이 가라앉는 거유?
 늙은 뼈마디에는 수영이 좋다고 혀서
 이 나이 되고 보니 아픈 데도 많고
 참 억울한 것도 많어

수영장에 온지 달포가 지난 할머니
탱탱하던 젊음이 빠져나간 조글조글한 몸
오늘은 야매 시술로 얼굴에 핀 저승꽃도 지우고
만화 속 캔디 같은 얼굴이다

홀쭉해진 엉덩이가 바람 빠진 풍선이다
자꾸만 물속으로 가라앉고 있다
2미터도 되지 않는 수심이
칠십이 넘는 세월을 떠받치기엔 버겁다

— 할머니, 몸에 힘을 빼세요
 편안히 물에다 몸을 맡기세요

물속이든 물 밖이든
자신을 내려놓아야 가벼워진대요

숨을 참고 주름진 마음을 복어처럼 부풀리며
물 위에 자꾸 몸을 뉘어보는 할머니
생의 극점을 향해
한 마리 자유로운 물고기가 되고 싶은 저 몸부림

소나무

지난여름 홍수가 허물고 간 길에
소나무 한 그루 매달려 있다
흙이 털려나가고 뿌리 절반이 드러났다
더는 붙들 곳이 없다
허공에 뿌리를 내리고 겨울 추위에 맞서고 있다
몸에는 바늘잎만큼이나 솔방울을 잔뜩 매달았다
지쳐서 아득해지는 자신을 얼마나 찔렀는지
진액이 온몸을 허옇게 덮었다

내 유년의 시간 속에
홀로 버티고선 어미 소나무
허물어져 내린 길에서 빈 몸으로 매달렸다
삯바느질로 너덜해진 생을 깁느라
춥고 긴 겨울밤을 하얗게 새웠다
밤새 눈을 뜨고 깜박깜박 조는 사이
어둠이 수시로 손톱을 찔렀다
한 생애가 핏방울로 얼룩지던 그때

어린 내 가슴에도
수많은 바늘들이 깊숙이 박혀들던 시절이었다

창경궁의 봄

창경궁에 봄나들이 나온 부부
지팡이는 수족 흔들며 걸어가고
굽은 등은 땅만 보며 걷는다
아기처럼 뒤뚱뒤뚱 음표가 다른 엇박자 걸음
한 발짝 옮겨도 숨이 차다
각기 다른 곳을 보면서도 수평이다
상대의 숨소리 좇아 서로를 벗어나지 않는다
연못가를 지나며 원앙새를 흘겨보던 할머니
갑자기 걸음을 멈춘다
손에 쥔 사탕을 할아버지 입속에 쏙 디밀고
급하게 아장거린다
할머니 치맛자락 뒤로 봄바람 일고
뒤좇는 할아버지 지팡이 소리에
톡 톡, 진달래 벙근다

먼지효모

일제 때부터 있었다는 하동 읍내 양조장에는요
철사를 친친 두른 백 년 넘은 술독이 마당에 즐비했고요
양조장 천장에는 새까만 곰팡이가 덕지덕지 붙어있었는데요
부스럼딱지처럼 엉겨 붙은 곰팡이의 내력은
맞은편 크고 낡은 일제 때 건물이 다 말해주었는데요
보면 볼수록 속이 불편해지는 그 곰팡이를
싹 쓸어내지 않는 이유를 물었더니요

― 저거이 먼지효모라는 것인디요,
　저거이 있어야 술이 잘 발효되는 깁니더
　더럽고 보기 싫은 것도 없애서는 안 되는 게 있심더

더러운 것도 잘 삭혀 거름 만드는 법을 떠올리다
불편한 것들에 대하여
더는 눈 흘기지 않기로 하였습니다

갯장어

간월암이 있는 개펄에
갯장어 한 마리 숨을 할딱이며 누워 있다
어디에 마음이 붙들려 길을 놓쳤나
더 넓은 세상을 찾아 여기저기 헤매 다녔을 녀석
오랫동안 바닥을 치느라 진흙투성이다
간월암 종소리 따라 제 꼬리로 제 몸을 치고 있다
자신을 때려야 살 수 있음을 뒤늦게 안 탓이다

놀아도 큰물에서 놀아야 한다며
시골을 떠나 도시로 거슬러 오른 남자
맨몸으로 세상과 부딪히다 자주 주저앉았다
느린 걸음으로 떠돌다
어둔 구석에 머리를 들이밀고 영혼을 기댔다
단단하던 마음이
거죽에 가둔 살집과 함께 새고 있었다
무게를 들어내며 가벼워진 남자
부력만으로는 살 수 없었던지

날이 갈수록 물비늘이 떨어져 나가고
쉽게 물 밖으로 내던져졌다

무너진 돌 틈에 머리를 박고 말라가는 갯장어
함부로 버려진 채 비린내도 털리고
손아귀를 벗어나던 미끈거림도 함께 털리고 있다
바다와 육지의 경계가 지워진 간월암에선
아직도 제를 지내는 염불소리
금강경 한 구절에 실려 저 갯장어 세상 떠나고 있다

등꽃

우리 아파트 영선수리공 송씨
푸른 작업복 차림으로 등나무 아래 앉아 있다
팔순 노모 봉양에 장가도 못 간 사십대 노총각
뜻밖에 아침부터 술 냄새를 피운다
밤사이 젖어서 잠깐 휘청거렸는지
얼굴 한쪽이 멍울졌다

제 몸을 엮어 기둥을 만드느라
손 마디마디 툭툭 불거졌다
자신을 밟고 구불구불 길을 오르며
둥근 그늘을 만들었다
외길만 고집하던 중심에도
오월 한 철 꽃피고 싶은 마음 있어
밤새 물기를 머금고 꽃 피웠다
멍이다

겨울 낮달

빈집에 겨울바람이 주인처럼 들락거린다
마당가에 핀 국화가 된서리에 뻣뻣하게 굳어 있고
뒤란 대숲은 평소 속울음소리를 내고 있다
냉기가 들어앉은 빈방엔 알맹이가 빠져나간 옷들
윗목에는 먹다 만 사과 한 알이
못 다한 생의 일부처럼 말라가고 있다
모두 차게 식어버린 것들
냉기에 등 떠밀려 마루를 내려서는데
베다만 사과 한 알
언 하늘에 차가운 낮달로 걸려 있다

노린재

불암산을 떠나 아파트 베란다로 뛰어든 노린재
온몸 뒤집고 누워 하늘을 향해 공허한 몸부림만 해댄다
어쩌자고 대책 없이 산을 버렸나
들어주고 보아주는 이 없는 곳에서
뒤늦게 페로몬만 쏟다 식음을 전폐하고 바닥에 누웠다
함께 푸르게 살자던 마음 쉽게 단풍들어
때로는 갉아먹고 먹히는 일만 같아서
저 먼저 놓아버리고 싶었으리라
몇 날을 허공만 쥐었다 놓았다 하던 노린재
홀로 등 돌리고 견디는 일
제 목숨 파먹는 일이라서
끝내 자신마저 내려놓고 뻣뻣하게 굳어간다

나의 하느님들

병원에 입원하니
아픈 내 몸을 살피는 의사가 하느님 같다
일생 나의 하느님은 세 번이나 바뀌었다
어릴 때는 부모님이었다가
결혼해서는 남편이었다가
이제 몸 아프니 의사가 하느님이다
그런데 자식은 나보다 커도 하느님이 될 수 없다
아직은 내가 자식의 하느님이라서
아파도 아픈 곳을 가리고 서 있어야 한다
그러나 나의 하느님은 모두
내 벗은 영혼을 들여다본 자들이다

봄

뻥튀기 할아버지
담벼락에 붙어 앉아 까만 지구본을 돌린다
마른 장작개비 같은 가슴팍에
불을 지피고 계절을 감는다
가슴이 점점 뜨거워진다
압력계 바늘이 중심을 지나고
할아버지, 밀봉된 지구의 뚜껑을 연다
펑!
봄이다
벚꽃 환하다

□ 해설

일상의 詩化, 凡俗의 통찰

장영우(동국대 교수 · 문학평론가)

1.

　문숙의 두 번째 시집 『기울어짐에 대하여』에서 가장 두드러진 특징은 시의 서정적 화자가 시인 자신과 거의 변별이 안 된다는 점이다. 엘리엇(T. S. Eliot)이 「전통과 개인의 재능 Tradition and Individual Talent」에서 "시는 감정의 표현이 아니라 감정으로부터의 도피이고, 개성의 표현이 아니라 개성으로부터의 도피"라 규정한 이래 이른바 '몰개성시론(Impersonal Theory)'과 '객관적 상관물(objective correlative)'이란 개념은 현대시의 상투어가 되었다. 그러나 엘리엇은 곧이어 자신의 주장을 철회하면서

「전통과 개인의 재능」을 "아마도 가장 유치한 글"로 폄하했다. 셰익스피어가 작가의 개성을 너무 노골적으로 드러냈다는 점 때문에 『햄릿』을 "예술적 실패"라고까지 질책했던 엘리엇이 예이츠(W. B. Yeats)의 추모강연에서 "강렬한 개인적 체험으로부터 보편적 진리를 표현한 가장 위대한 시인"이라 말을 바꾼 것도 이런 맥락의 연장선에서 이해해야 한다. 이런 점에서 문숙의 최근 시가 시인의 개성과 특수한 체험을 평이한 시어와 일반적 진실에 기대어 구상화하는 것은 주목할 만한 일이다. 그것은 최근 우리 시단에서 과장된 수사적 기교와 폭력적 이미지의 병치로 독자와의 소통에 큰 장애가 되는 난해시가 유행하는 일부 현상과 극명하게 대조되기 때문이다. 다시 말해 문숙 시는 일상적 삶에 밀착한 사물과 현상을 시적 대상으로 하면서 불교적 관점에서 그것을 해석하고 포용함으로써 쉽되 단순하지 않은 정신세계를 구현한다. 그는 집안에 걸린 액자 하나를 떼어내면서도 시를 생각하고, 스낵 과자를 간식으로 먹으면서도 삶의 의미를 성찰하며, 주부로서 다림질을 하면서도 갈수록 살벌해져가는 사회문제를 고민한다. 요컨대, 그에게는 자질구레한 온갖 일상사가 모두 시적 대상인 동시에 자기성찰과 수행의 수단인 것이다.

당신을 위해 속 빈 동그라미로 거듭 났습니다

매운맛을 없앴습니다 이제 눈 붉힐 일은 없습니다

잘 부서지기 위해 물기도 완벽하게 탈수했습니다

피돌기를 끈적하게 하던 제 고집은 이제 완전히 제로입니다

동맥경화나 심장마비 걸릴 일은 없으니 안심하고 드시지요

인공조미료로 맛을 내고 향신료를 곁들여 추억만 씹히도록 했습니다

방부제를 듬뿍 넣어 상할 일도 없으니 아무 때나 드시지요

―「양파링」부분

이 시는 '양파링'이란 스낵과자를 오브제로 하여 그것의 이름과 실재 사이에 감추어진 의미의 간극을 의인화된 오브제의 고백체 어법으로 묘사한 작품이다. 양파링은 원래 양파를 고리 모양으로 얇게 잘라 반죽을 묻힌 뒤 기름에 튀겨 먹는 음식이지만, 이 시에서의 양파링은 공장에서 대량생산된 가공식품을 가리킨다. 그러므로 그것은 양파에 약간의 첨가물을 입힌 원래의 양파링과 달리 양파 성분은 5%도 안 되는 명목 위주의 공산품일 뿐이다. 그것은 헬륨가스로 **빵빵**하게 부풀어 올라 많은 양을 포함하고 있는 듯 보여도 봉지를 뜯어 확인하면 내용이 형편없이 부실한 스

낵과자류의 일반적 속성을 전형적으로 닮아있다. 이 과자는 어른 아이 할 것 없이 즐기는 대표적 간식이지만, 시인은 자연농산물 양파와 가공된 스낵형 과자로서의 양파링 사이의 화합할 수 없는 차이와 간극을 조목조목 짚어내며 우리 삶의 허구성을 성찰하도록 자극한다. 최근 양파는 뛰어난 효능이 밝혀지면서 대표적 웰빙식품의 하나로 인정받고 있거니와, 공장에서 대량생산된 양파링은 인공조미료와 향신료, 방부제로 제조된 맛을 낼 뿐 인체의 건강에는 오히려 해로운 공산품이라는 점을 이 시는 의인화된 양파링이 직접 고백하는 방식으로 폭로하고 있다. 그것은 결국 진실/ 거짓, 명목/ 실재, 현실/ 환상의 경계가 모호해지고 오히려 명목과 거짓의 교환가치가 인정받는 타락한 현실에 대한 날카로운 풍자에 다름 아니다.

이런 인식은 쌀을 씻어 솥에 앉힌 후 일정 시간 뜨거운 불로 가열해야 완성되는 밥보다 미리 만들어져 2분 동안만 데우면 먹을 수 있는 '레토르트 파우치(retort pouch)'에 대해서도 똑같이 작동한다. 그 식품은 먹기 좋게 미리 만들어져 나온 것이어서 밥 짓는 시간을 2분으로 단축시켰을 뿐만 아니라, 직접 지은 밥 못지않게 "찰기가 넘치고" "희고 담백"(「착한 밥」)한 느낌으로 고객들의 관심을 사로잡는다. 하지만 그 밥은 완전 밀폐되어 "숨구멍 하나 없"으며 "유통기한에 철저히 감금"된 "살아도 죽은 목숨"에 지나지 않는다. 이러한 레토르트 음식이나 스낵과자의 출현은 현대 주부의 바쁜 일상적 삶이나 가사에 도움이 되는 게 사실이지만, 문숙은 그들 공산품의 겉치레 속에 감추어진 물질주의와 계량주의의 허구성을 날카롭게 적발하고 있는 것이다.

대부분의 뛰어난 재능의 시인이 그러하듯 문숙 또한 평범한 주변 사물이나 일상적 체험에서 시적 상상력을 발동하여 사물과 현상에 새로운 의미와 생명을 부여하는 데 만만치 않은 능력을 발휘한다. 비근한 예로 그는 웬만한 주부라면 관상용이나 가습용으로 기를 부레옥잠이란 식물에서 물에서 태어나 물에서 죽는 수상족(水上族)의 운명을 읽는다. 동남아시아 최대의 호수로 알려진 톤레삽 호수는 캄보디아의 명물이기도 하거니와, 그곳에 사는 이들은 "오줌을 눈 곳에서 도마를 씻고 칼을 헹구고 요리를" 하며 "주검마저도 수장"(「부레옥잠」)으로 치르는 등 물에서 태어나 물에서 살다 물로 돌아가는 수상족이다. 적빈에 가까운 삶을 살아가는 그들이지만 남루한 일엽편주 가옥마다 화사한 꽃을 재배하는 정신적 여유를 포기하지 않는다. 그들의 삶은 비록 근대 문명의 혜택에서 멀리 떨어져 초라하고 불편하게 보일지 모르나 욕심을 버리고 주어진 자연과 더불어 살아가는 그들이야말로 가장 평화롭고 행복한 족속일 수 있다. 그들이 물에서 자유로운 것도 온갖 세속적, 물질적 욕망에서 해방되었기 때문이다. 그러나 현대인들은 부레옥잠이나 톤레삽 호수의 수상족처럼 욕망과 집착에서 자유로운 존재가 못 된다. 욕망과 집착에서 자유로운 주체가 되기는커녕 그것에 긴박(緊縛)되어 물질과 숫자의 노예적 삶을 견뎌야 하는 것이 현대인의 비극적 일상이다.

    그물망 속에 든 양파

    서로 맞닿은 부분이 짓물러 있다

    간격을 무시한 탓이다

    속이 무른 것일수록 홀로 견뎌야 하는 것을

    상처란 때로 외로움을 참지 못해 생긴다

    붙어 있는 것만으로도 상해서 냄새를 피운다

    누군가를 늘 가슴에 붙이고 사는 일

    자신을 부패시키는 일이다

―「집착」 전문

문숙은 이 시를 통해 주부로서의 일상적 체험을 무의미하게 흘러보내지 않고 시인의 날카로운 시선과 독창적 상상력으로 새롭게 해석한 양파를 제시한다. 시장에서 파는 양파는 대체로 가는 망에 넣어져 있는데, 그것은 바람이 잘 통해 썩지 않게 하려는 농부나 상인의 세심한 배려다. 하지만 농약으로 재배되지 않은 양파일수록 쉽게 짓물러져 부패하는데, 그것은 서로의 "간격을 무시한 탓"이다. 호두나 밤(栗)같은 견과류는 오래 보관해도 여간해선 상하지 않지만, 양파나 감자같이 속이 무른 것들이 쉽게 부패해 악취를 풍기는 것을 보고 시인은 심성이 여리고 누군가에게 기대 보호받고 싶은 사람일수록 더 많이 상처받고 아파하는 삶의 진실을 떠올린다. 우리가 이성을 만나 가족을 이루는 것도 단독자의 외로움을 이겨내기 힘들기 때문이지만 부부 혹은 가족 사이에 더 큰 갈등과 절망의 심연이 존재하는 것도 부정하기 어렵다. 가족은 누구보다 서로를 속속들이 알고 부대끼며 살아가기 때문에 작은 충돌이나 마찰에도 쉽게 상처받고 고통스러워한다. 그것은 가족 사이의 거리가 그만큼 가깝고 밀착되어 있기 때문이다. 그러나 가족 사이의 집착에서 발생하는 아픔과 상처는 큰 문제가 되지 않는다. 내 마음의 환부가 더욱 크고 농(膿)이 역한 것은 그만큼 내가 가족을 사랑하고 아끼고 있다는 강력한

반증이라는 사실을 이 시인은 정확히 이해하고 있다.

2.

문숙의 『기울어짐에 대하여』에는 티격거리며 서로를 아끼는 중년 부부의 모습이 빈번하게 등장한다. 혼자 살아온 시간만큼의 결혼 생활을 해온 중년답게 그가 바라보는 부부의 모습은 결코 낭만적이거나 화려하지 않다. 그는 생면부지의 남녀가 가정을 이뤄 살아가는 곳엔 근본적으로 "거친 물살과 울음이 있"으며, 서로의 "마음 섞는 일이 전쟁"(「울돌목」)이라 생각한다. 사실 중년부부란 모처럼 의기투합해 외식을 나왔다가도 아이 문제로 다툰 뒤 "굳이 내 것을 고집할 필요 있나/(……)/기회가 왔을 때 한 번쯤 바꿔 보는 거"(「우산」)라며 발칙한 음모를 획책하는 이기주의자거나, "균형을 잃은 시간이 죽음처럼"(「낡은 침대」) 엄습하는 절대 고독자로 투사되기도 하지만, "서로에게 깊이 빠져 익사하는 그날까지 계속"(「울돌목」) 지루하고 결말 없는 싸움을 반복해야 하리라는 사실을 누구보다 잘 이해하는 존재이기도 하다.

혼기에 접어든 젊은 여성은 "네가 처음이야 네가 전부야 평생 너만을 위해 살게"(「잘못 골랐다」)라거나 "험한 세상

방패가 되어주겠다는 남자"의 감언에 속아 "누런 고리반지 하나 얻어 끼고"(「고리의 변천사」) 살림을 차리지만, 그것이 자신을 옭아매는 굴레란 사실을 깨닫는 것은 세월이 한참 흐른 뒤의 일이다. 그리하여 시인은 한쪽 가지를 잃고 몸을 비틀며 자라는 적송(赤松)을 보고 "저런 아픔을 어찌 속으로만 삼킬 수 있겠나/ 통증이 올 때마다 혼자 몸을 비틀며/ 상처에 햇빛도 발라보고/ 제 진액을 짜 덧발라도 보았겠지"(「조용한 상처」)라며 쉽게 감정이입에 빠지고, 봄철 플라타너스에 매달린 묵은 잎을 보고도 "제 안에 이는 바람으로 잎을 뒤집으며 찢긴 수많은 상처"(「얼룩」)를 떠올린다. 그러나 중년에 접어든 시인은 더 이상 외부의 충격이나 타자와의 갈등 때문에 고통스러워하지 않는다. 그는 신혼초부터 줄기차게 "귀 닫고 입 닫고 제 숨통 틀어막고 버티는 일이 온전하게 잘 사는 것"(「장마철을 나는 법」)이란 가르침을 친정어머니에게서 귀가 닳도록 들어온 데다, 결혼생활이란 "안장과 체인이 둘 달린 자전거"처럼 서로의 "마음이 합쳐지지 않으면 바퀴는 구르지 않"(「2인용 자전거」)아 누구 하나 낙상하거나 전복되어 가족 모두가 피해를 입을 위험이 큰 기계와도 유사하다는 사실을 이해할 만한 지혜를 터득했기 때문이다. 뿐만 아니라 이 시인은 "둘이라는 그리움을 벗어나/ 하나라는 외로움 속으로 빠져든 두 개의 달"(「달의 뒷면」)처럼 불가항력적 이끌

림에 따라 부부로 맺어진다는 연기론을 절대적으로 신뢰하므로 남편과 가족을 제 피와 살보다 더 소중히 여긴다.

> 너를 사랑하는 일이
> 떫은맛을 버려야 하는 일이네
> 물렁해져 중심마저 버려야 하는 일이네
> 긴 시간 네 그림자에 갇혀
> 어둠을 견뎌야만 하는 일이네
> 모든 감각을 닫고 먹먹해져야 하는 일이네
> 겉은 두고 속만 허물어야 하는 일이네
> 붉은 울음을 안으로 쟁이는 일이네
> 사랑이란
> 일생 심지도 없이 살아야 하는 일이네
> 결국 네 허기진 속을 나로 채우는 일이네
> ―「홍시」 전문

누군가를 사랑하기 위해서는 나를 버려야 한다. 하지만 대다수 남녀들이 이 단순하고 당연한 사실을 이해하지 못하거나, 깨닫는 데 많은 세월을 허비한다. 젊은 사람일수록 사랑은 받는 거란 세속적 공식에 익숙해 있으며, 그 정도는 남자가 훨씬 강하고 집요한 특징을 보인다. 그런데 문숙은 자기 내면의 아집과 독선 등을 버려야 비로소 타자를 진정으로 사랑할 수 있다는 사실을 깨달은 듯하다. 그 사랑은 자신을 완전히 잊고 버린 채 "심지도 없이 살아" 마침내 타자의 "허기진 속을 나로 채우는 일"로써 완성된다. 이러한 사랑은 자포자기의 패배적 행동으로 보일 수도 있지만, 타자의 속을 나로 채운다는 것은 결국 주객이 하나가 된다는 뜻이므로 나를 버리고 타자에게 굴종하는 노예의 태도와는 근본적으로 다르다. 그것은 오히려 나를 양보함으로써 타자의 관심과 배려를 내게로 방향전환케 하는 고도의 심리학적 전략이 아닐 수 없다. 단감과 홍시는 같은 나무에서 자란 감(柿)이되 수확시기나 처리방식에 따라 전혀 다른 상품으로 구분된다. 단감은 과육이 단단하여 손에 쥐고 먹기 편하나 떫은맛이 완전히 가시지 않았고, 홍시는 과육이 거의 해체되어 부드럽고 떫은맛도 거의 사라져 달고 향긋하다. 생감을 홍시로 만들기 위해서는 자연적인 방법과 인공적인 방법이 두루 쓰이는데, 결혼생활을 통해 떫은맛만 잔뜩 가지고 있던 부부가 서서히 물러지면서 상대방에 동화되어 가는 과정을 문숙은 자연의 순리와 개인의 노력이 조화를 이루는 것으로 파악하고 있는 것이다.

문숙이 생각하는 결혼생활이란 "길가엔 릴리 꽃이 피어 있고/ 로즈마리 향기가 영혼에 스미는"(「백년초」) 낙원이 아니다. 아니, 그 역시 처녀 시절이나 신혼기에는 그런 꿈을 꾸었는지 모른다. 하지만 중년에 접어든 그가 깨달은 결혼이란 "서걱대는 모래밭에서 너라는 꿈을 파먹으며/ 백년을 다해/ 결혼이라는 꽃 한 송이 피우는 일"(「백년초」)로 귀결된다. 이런 점에서 문숙은 전혀 현대여성답지 않게 세상을 살아가는 여인인지 모른다. 그녀의 결혼관이나 부부관은 여성상위까지는 아니더라도 남녀평등에도 현저히 미치지 못하는 재래적 가부장제 시대의 고루한 가치관을 그대로 수용하는 것처럼 보이기 때문이다. 어느 정도냐 하면 그는 보길도 세연정 가는 길가의 열녀각을 보고 "자신을 버리며 제 무늬를 완성해간 여인/ 한 번도 나를 버려본 적 없는 나"를 대비하면서 "열녀각 앞에서 시선 둘 곳이 없다"(「무늬를 새긴다는 것」)고 스스로 민망해할 만큼 전통적 여성인 것이다. 창경궁에 봄나들이 나온 노부부가 "아기처럼 뒤뚱뒤뚱 음표가 다른 엇박자 걸음"을 걸으면서도 "상대의 숨소리를 좇아 서로를 벗어나지 않는다"(「창경궁의 봄」)는 사실을 발견하고 놀라는 것도 그 때문이다. 앞서 살핀 것처럼, 그에게 사랑이란 자신을 비우고 버리며 상대방에게 다가가는 행동 외에 아무것도 아니다.

> 내가 너에게로 건너갈 때는
> 설렘 가득한 초승달이었다
> 노란 바닐라향의 달콤함이었다
> 나날이 채워지기만 하는 달인 줄 알았다

환했던 시간을 지나 잘려나간 손톱처럼 나는
네 마음 밖으로 조금씩 이지러지는 그믐달이었다
겨울 난전에서 검게 변해버린 사랑이었다
나 한가득 어둠으로 배를 채우고
얼며 녹으며 잘 허물어지고 있다
나를 벗고 너를 입기 위해
경쾌하게 부패의 시간을 살고 있다

―「겨울 바나나」 전문

  모든 농산물이 그렇듯 바나나도 싱싱해야 모양이 예쁘고 향도 강하며 맛도 감미롭다. 그러나 바나나는 양파보다 속이 부드러워 쉽게 상하고 물러져 부패한다. 검게 산화한 바나나는 달콤한 향도 사라지고 맛도 형편없어져 먹을거리가 아니라 쓰레기로 버려진다. 그런데 문숙은 겨울 난전에서 얼거나 산화해 상품가치를 잃은 바나나를 보고 진실하고 참된 사랑의 실체를 확인하고 있는 것이다. 젊은 시절의 사랑은 달콤하고 향기가 충만하여 만월(滿月)처럼 화려하게 빛날 것 같지만 달도 차면 기울듯 나를 향하던 그대의 사랑도 일정하거나 영원하지 않다. 달의 영측(盈仄)이 우주 순행의 과정이듯 애증의 교차 또한 인간 심리의 자연스러운 운동이다. 달이 차면 기우는 게 자연스럽듯, 눈썹 같은 그믐달이 되어야 만삭의 보름달이 될 가능성이 있는 것이다. 이처럼 인간관계에서의 사랑도 차고 기울며, 일방적이 아니라 상호소통적이어야 충만하고 영원한 것이다. 바나나는 얼어 부패하면 쓰레기로 버려지지만, 그것이 다시 토지를 비옥하게 하여 뭇 생명을 길러낼 영양분이 될 수 있다는 점에서 새 생명의 씨앗이 된다. 그렇다면 바나나의 부패는 자신을 잃는 게 아니라 자신을 버림으로써 또 하나의 삶을 가능하게 하는 동인이 된다. 이러한 자기희생은 불교의 자비정신과 일맥상통한다.

3.

문숙 시를 지탱하는 지배적 정신구조는 비우고 버리기의 탈욕망 사상이다. 그는 우리나라의 평범한 중년여성이면 누구나 가지고 있을 명품에 대한 물질적 욕망, 가족의 건강과 성공에 대한 신분 상승에의 갈망 같은 것에 별 관심이 없는 듯하다. 그가 시적 대상으로 삼는 것은 벌레에게 속을 몽땅 파먹혀 "발 아래 제 살점을 수북이 내려놓고"(「참나무」) 있는 늙고 병든 참나무이거나 "자신을 참 잘 죽여 놓"(「비운다는 것」)은 간장게장, 또는 벌레 먹은 밤톨을 통해 발견하는 비움 혹은 나눔의 철학이다. 그는 커다란 참나무를 몽땅 파먹은 벌레를 "개미부처 진딧물부처 노린재부처"로 호명하는데, 이는 마치 "부처의 눈에는 모든 게 부처로 보인다"는 절집안의 오랜 격언을 떠올리게 한다.

> 봉정사에 가면
> 수몰지구에서 건져 올렸다는 여래석좌상이 있는데요
> 물속에서 오래도록 미끄러운 시간을 살다와
> 눈 먹먹 코 먹먹 입 먹먹
> 부처 반 중생 반 어벙한 모습을 하고 있는데요
> 돌덩이 하나 무명을 버려 부처가 되고
> 부처를 버려 중생이 되는 시간을 살았는데요
> 부처도 중생도 다 버리겠다고 승속을 넘나들었는데요
> 지금은 봉정사 뒷마당에 좌대도 없이 몸 낮추고 앉아
> 비 오면 비 맞고 눈 오면 눈 맞으며
> 주야장천 잘 죽여라 하고 있습니다
>
> ―「젖은 부처」 전문

 요즘엔 고찰(古刹)일수록 대형 불사를 많이 해 대웅전 부처님에게 휘황찬란한 금의를 입히고 협시보살이나 시왕(十王)에게도 화사한 의복과 장신구로 치장한 게 일상적 풍경이 되었다. 뿐인가, 기존의 건물에는 들일 수 없게 어마어마한 불상 등을 조성해 서로가 세계 최대니 동양 최대니 뽐내고 있는 실정이다. 그건 아마도 수행승들의 뜻이

아니라 일부 욕심 많은 신자들의 기복적 보시에 의해 이루어진 꼴불견일 터이다, 탐진치(貪嗔癡) 삼독을 버리고자 출가해 눈이 시퍼런 납자(衲子)들이 그와 같은 천박한 돈잔치를 벌릴 까닭이 없기 때문이다. 그런데 어느 고찰이나 사람 눈에 띄지 않는 곳에 있는 듯 없는 듯한 석불이 한두 분 계시기 마련이다. 봉정사(鳳停寺)는 경북 안동에 있는 고려시대 사찰로 극락전은 한국 최고(最古)의 목조건축물로 유명하다. 그런데 그 뒷마당엔 수몰지구에서 건져올렸다는 여래석좌상이 "좌대도 없이 몸 낮추고 앉아/ 비 오면 비 맞고 눈 오면 눈 맞으며" 세월을 견뎌내고 있다. 원래 그것은 하나의 돌덩이였지만 누군가가 그것을 깎고 다듬어 「彫琢」 부처상을 새겨 놓은 후 사람들이 '여래'라 부르게 되었던 것이다. 그것이 천 년 세월을 지나는 동안 돌인지 부처형상인지 모를 덩어리 모양으로 새로 발견된 것인데, 시인의 눈엔 그게 "부처 반 중생 반 어벙한 모습"으로 대웅전이나 극락전의 금의 입은 부처보다 친근하게 다가온다. 아무 생명과 가치가 없이 자연 속에 있던 돌덩어리에 인공을 가한 것이 "돌덩이 하나 무명을 버려 부처가 되"는 과정이었다면, 천 년 세월 동안 인고하며 다시 돌덩어리에 가까워진 지금의 모습은 "부처를 버려 중생이 되는" 역의 과정인 셈이다. 돌이 부처가 되고 부처가 다시 돌이 되는 여래석좌상의 모습이야말로 순환적 세계관 혹은 무상

관의 웅변적 증좌가 아니고 달리 무엇이겠는가.

 그렇다고 문숙이 세속적 욕망과 완전히 절연한 채 무염(無染)의 삶을 살아가는 것은 아니다. 그도 가정을 일구고 자식을 키우는 입장이어서 남편과 자식의 일에는 온갖 수고를 아끼지 않는다. 이를테면 그는 아들과 함께 TV를 보다가 "엄마는 극락 갈 수 있는 보험은 드셨"느냐는 질문을 받고 "몸 약한 너 때문에 민물장어, 개구리, 가물치······/ 살생을 조장한 대가로 다 썼다"(「핑계」)고 억울해 하기도 하며, 비구니 스님과 함께 산길을 오르면서 "꽃을 지운 저 몸에도 달짝지근한 곳 있었던가"(「무화과」)하며 육신의 욕망을 포기한 채 묵묵히 수도의 길을 걷는 젊은 여성의 처지를 안타깝게 여기기도 한다. 그러나 그 마음은 자식을 둔 부모의 연민과 자비에서 비롯된 감정이어서 이기적 욕망이나 우월감 같은 것과는 성격이 전혀 다르다. 우리가 문숙의 시에서 발견하는 불교적 인식이나 통찰이 소중한 것은, 그것이 그의 일상적 삶에서 지속적이고 상승적인 양상으로 추구되고 있다는 사실 때문이다. 비근한 예로 그는 벌레 먹은 밤「栗」에서 "살아 있는 것들은 모두/ 벌레의 알을 품고 있"(「알밤을 고르며」)다는 삶의 냉엄한 현실을 인식하고, 진흙을 뚫고 솟아난 화려한 연꽃을 보고 "뿌리 속에 연탄구멍처럼 뚫려있는 터널을 봐/ 부패와 싸우며/ 불길을 제 속으로 말아 넣고 산 흔적"(「홍연」)을 통찰하며,

처마에 매달린 거미줄의 거미에게서 "백척간두 위의 수좌"(「거미」)의 초췌하고 맑은 모습을 구상화(具象化)한다. 이것은 자질구레한 삶의 파편과 보잘 것 없는 주변사물에 대한 진지한 관심과 새로운 해석에의 열망이 없으면 불가능한 것들이다. 그는 연꽃의 수면 위 형체보다 그 밑의 구멍 뚫린 뿌리에 더 깊은 관심을 보이며, 산사에서 명상체험을 하면서도 "내 안에 지워내지 못한 냄새"(「산방에서」)가 혹시라도 청정한 산방의 고요를 흔들어 놓을까 저어한다. 사물과 현상의 이면(裏面)이나 이중적 속성에까지 깊숙이 침투하는 그의 관심은 주말농장 고추모종의 범속한 노동에서도 놀라운 생의 발견으로 재생된다. 도시인에겐 주말농장도 큰 일거리일 수밖에 없다. 그들은 서툴지만 진지한 마음으로 고추모종을 밭에 옮겨 심는데, "조밀한 것들은 부대끼느라 줄기가 가늘고/ 듬성한 것들은 저 홀로 튼실하게" 자라는 모습을 보면서 "자유가 몸을 키우고 있는 것"이라는 삶의 진실을 깨닫는다. 하지만 이것 또한 삶의 한 부면에 지나지 않는다.

> 여름장마가 오고 태풍이 지나는 아침
> 지지대를 들고 달려간 고추밭이 난장판이다
> 멀찍이 떨어진 것들은 대가 부러져 있고
> 촘촘한 것들은 말짱하다

서로에게 기대어 견딘 것이다

—「옮겨 심다」부분

평상시에는 일정한 거리를 유지하고 독립적 삶을 유지하는 것이 가능할지 모르나 비상시에는 서로 기대고 의지해야 위기를 견뎌낼 수 있다. 그것이 자연의 법칙이지만, 사람들은 일쑤 자유와 독립이 최고의 가치라고 우겨댄다. 문숙은 사물의 외형이나 부분적 사실에 현혹되지 않으려 부단히 노력하는 시인이다. 그의 그러한 노력과 삶의 이중성을 직시하려는 균형감각이 주말농장에서의 별 것 아닌 체험을 뛰어난 한 편의 시로 재구할 수 있는 원동력으로 작동하는 것이다.

문숙의 등단 이력은 십여 년에 지나지 않는다. 등단 십여 년에 시집 두 권을 상재할 정도의 시작(詩作)이란 과하지도 덜하지도 않은 적당한 행보라 할 수 있다. 그러나 문숙의 최근 작업은 예전에 비해 훨씬 생기가 활발하고 탄성(彈性)도 강력해졌다는 느낌을 받게 된다. 거기에 불교적 인식의 깊이가 더해지면서 폭과 넓이가 함께 심화, 확장되고 있다는 인상을 준다. 이것은 문숙 시가 쉬지 않고 무언가를, 어딘가를 향해 나아가고 있다는 징후로 여겨져 여간 반가운 게 아니다. 하지만, 그의 시는 독자와의 소통을 지나치게 의식한 나머지 평이한 진술의 동어반복이 산견되는 문제를 극복해야 한다. 독자와의 소통은 현대시의 매우 중요한 덕목이긴 하지만, 눈 밝고 귀 좋은 독자가 우리 주변에 생각보다 훨씬 많다는 사실이 간과되어서는 안 되기 때문이다.